NUNCA MATEI UM PASSARINHO

– Metendo a língua na metalinguagem –

Lino Porto

Curitiba, 1989-1992

Apoio: Clube de Autores
(Https://www.clubedeautores.com.br)
Foto da capa: Sílvio Linhares Filho

Dados Internacionais de Catalogação na Publicação (CIP)
(Câmara Brasileira do Livro, SP, Brasil)

Porto, Lino

Nunca matei um passarinho / Lino Porto. -- Curitiba, PR : Ed. do Autor, 2023. ISBN 978-65-00-81187-2

1. Poesia brasileira I. Título.

23-173459 CDD-B869.1

Índices para catálogo sistemático:

1. Poesia : Literatura brasileira B869.1

Aline Graziele Benitez - Bibliotecária -
CRB-1/3129

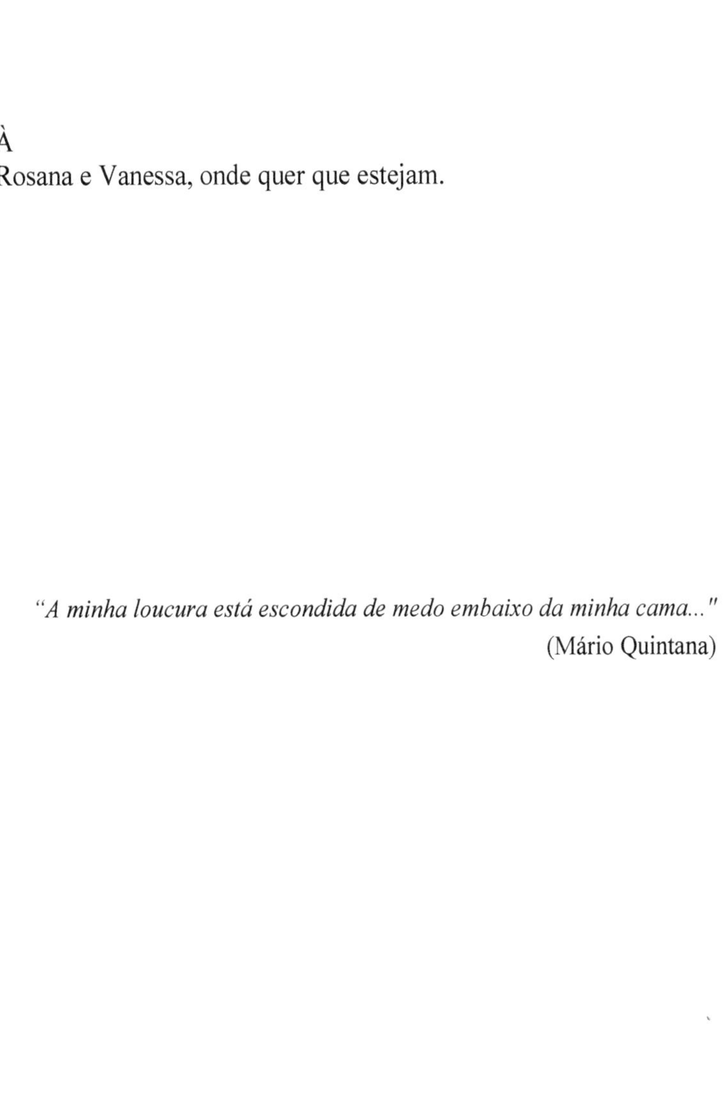

À
Rosana e Vanessa, onde quer que estejam.

"A minha loucura está escondida de medo embaixo da minha cama..."
(Mário Quintana)

SUMÁRIO

ÁGUAS CLARAS

A vertente
Que em mim jorra
Um turbilhão de poesia,
Espirra também anarquia.

Ela não é a nascente
E tão pouco a foz,
É só um confluente
Um tanto sagaz
E outro loquaz.

E é também fluente,
Não como um rio,
Mas como a sua torrente,
Constante e avante
A me transbordar a mente,
A me deixar por um fio.

A SOLIDÃO SOZINHA

Antes a solidão me doía.
Hoje a solidão me liberta.

Hoje a solidão me é um bálsamo.
Antes a solidão me era um calvário.

Antes a solidão me contraía.
Hoje a solidão me acalma.

Hoje a solidão me é um fluxo.
Antes me era um repuxo.

* * *

Minha solitude continua a mesma solidão sozinha.
Como numa noz única,
Mudou só o solitário dentro de sua casca. De sua ilha
Agora ele é que a busca.

Não, o solitário não se acostumou
Ao castigo, à ausência, à tortura.
Apenas apreendeu os significados intrínsecos
Destes termos, raspando o que lhes exagera,
O que lhes dá tontura e o que lhes torna secos.

A solidão não o constrange mais,
Como seu pai;
Ela o impulsiona para além de si,
Como seu pai,

Para aquém do mau e do mal.
Para além do bom e do bem.

O PASSO

O tempo fatia
Um passo dentro de mim.
Um passo trôpego, cambaleante,
Arrastado, embriagado.
Um passo para o lado.

Um mundo torto
É sepulto em mim.
Um mundo inóspito, áspero,
Solapado, transfigurado.
Um mundo enviesado.

Habita uma música
Em minh'alma
E não consigo de mim extirpá-la,
Expressá-la, codificá-la, rompê-la.
Colocá-la lá, na pauta, nas cordas.

Mora também um livro estúpido
Dentro de meu coração.
É um diário retorcido,
Moído, espatifado, dilacerado,
Livre de poemas sem emoção.

A PESSOA

Como Pessoa,
Penso ter um coração sublimado pela inteligência.

Minha obra
Não é um passo pra frente
Nem um passo pra trás.
E tampouco um passo pro lado.

Minha obra é um passo profundo.

CONFLUÊNCIAS

Agora que lemos um pouco de Poesia inglesa
Acho que estamos Keats.

Ama-se o pessimismo cândido de Machado de Assis,
Encantadoramente recôndito e cortante,
Seu fel fielmente amargo e lancinante.
Mas enquanto Joaquim Maria deitava à machadadas
A árvore já podre do nosso romantismo,
O mulato Barreto limava as arestas do modernismo.

Como Lawrence, cheio de tensão e tesão,
Sou viciado em vida.

Não é Proust que é pedante,
São só seus personagens.

Meu desdém e meu afeto pela espécie humana
Vão além de Henry James.

Com tantos heterônimos,
O correto deveria ser Fernando PessoaS.

Prudhomme não é um poeta,
É um trovão.

Ungaretti non è un bardo,
È una trattoria.

Dostoievski é o Van Gogh da literatura:
Pinceladas em vórtice dos tormentos da alma.

Não sigo todos os conselhos de Rilke a um jovem poeta:
Um sujeito normal também é capaz de fazer boa poesia.

Wilde não é um genial autor de aforismos:
É um escritor de desaforismos.

Bandeira é uma bandeirinha do Brasil real,
Como Volpi: o Brasil fundo de quintal.

A simplicidade em escrever atinge o ápice
(Ou seria mais coerente dizer o chão?)
Em Quintana. Mas não te preocupes, Mário:
Na Rua dos Cataventos seguimos teu itinerário.

Kafka é um escritor de fragmentos:
Um escritor sem fim e sem começo.

Deles todos, sou apenas um comborço.

CARICATOS

Nas caricaturas
James Joyce e Fernando Pessoa
Estranhamente se assemelham.

Mas enquanto Joyce é demasiado moderno
- nem menciono o seu viés humanista -,
Pessoa é apenas humano.

POEMÃO A NOSSA ADORÁVEL MEDIOCRIDADE

Salve o nosso amor-próprio
Cego e conturbado
Que não nos permite
Perceber a precariedade
De nossos "versos"
E até nos faz crer
Que podemos igualar
Ribamar a um Shakespeare
Quando alcançamos sequer
A canela de Verlaine.
Cada um de nós é o tal,
Sem jamais ter lido Gabriela Mistral.
Assim vivemos à sombra de Drummond
Acreditando que somos os bons.
Tentamos imitar a vida conturbada de Rimbaud
Ou o meigo anarquismo lírico de Quintana
Em busca de algum suposto Nirvana
Em que se reencarne um Bashô.
Pensamos que apenas uma biografia singular,
Como Emily Dickinson em seu cárcere privado,
Fornece inspiração a nossa desesperançada geração,
Quando mais nada deveríamos tentar
A não ser dar vazão
Ao profundo interior de nosso conturbado coração.

PUSILÂNIME

Covarde,
Capaz de falar, mas incapaz de encarar
A verdade, na verdade
Um niilista, embora asceta,
Um nefelibata, embora neófito,
Um pedófobo, embora onírico,
Um estoico, embora panteísta,
Um histriônico, embora cabotino,
Um esteta, embora diletante,
Um hedonista, embora anti-helênico,
Um quiromaníaco, ainda que surreal,
Protegido por certa santidade de espírito,
Cercado de seres abençoados,
Azarado que traz sorte aos outros,
Proprietário de uma visão fraca,
Proletário erudito e irascível,
Estigmatizado em si, alma amalgamada,
Desejos de menino embotados na memória,
Alambicado e irritadiço,
Tal velho recusando-se a tomar remédios,
Bom humor negro, mordaz, cáustico, cortante,
Como uma empregada domesticada,
Com sua humildade desconfiada,
– sua eterna luta pelo direito a ser arrogante –,

Alguns amigos enfadonhos,
Uma namorada pacienciosa,
À espera de uma menina que venha a ser sua
Revisora, fã e crítica,
Amante de Ella Fitzgerald e Bedrich Smetana,
Hirsuto, lúdico, cerebral, etc e tal.

Eminentemente cerebral,
Muito lhe preocupa o etc.

Muito próximo do coração, coisa e tal.
Bem próximo ao coração...

EU (NÃO) TENHO MEDO

Eu não tenho medo de nada,
De nada que inspira medo.

Eu não tenho medo da Morte.
Eu não tenho medo de Smetana.
Eu não tenho medo de Proust.
Eu não tenho medo dos Gregos.
Eu não tenho medo dos Rolling Stones.
Eu não tenho medo de Nietzsche.
Eu não tenho medo de D.H. Lawrence.
Eu não tenho medo de Balé.
Eu não tenho medo de Teatro.
Eu não tenho medo de Anarquia.
Eu não tenho medo de Poesia.
Eu não tenho medo da Paixão.
Eu não tenho medo da Verdade.
Eu não tenho medo de Virginia Woolf.
E não tenho medo de ter Medo.

Eu tenho medo de tudo,
De tudo que inspira medo.

Eu tenho medo de televisão.
Eu tenho medo de religião.
Eu tenho medo de refrigerante.
Eu tenho medo do marketing.
Eu tenho medo do pop.
Eu tenho medo de best-sellers.
Eu tenho medo do otimismo.
Eu tenho medo da vulgaridade.
Eu tenho medo da moda.
Eu tenho medo do patrulhamento.
Eu tenho medo de políticos.
Eu tenho medo de cerveja.
Eu tenho medo de covardes.
Eu tenho medo da vida.
E tenho medo de ter medo.

LAST GENERATION

Nossa geração, em geral, se perdeu.
Nossa era perdeu a aura. Já era:

A placidez que não temos,
A cupidez que nos esmaga,
A vulgaridade asfixiante,
A lentidão que nos perturba,
A serenidade rara,
A senilidade precoce,
A cegueira insensível,
A vaidade narcísica,
A hipocrisia santificada,
A arrogância implícita,
A burrice cômica,
A simpatia estudada,
A pose forçada,
A meiguice lasciva,
A vida por um fio...

Ainda não sabemos de que lado o vento sopra,
Nem se é mesmo vento ou apenas brisa
Nem se somos somente sementes.

Ainda não decidimos se árvores sem raiz
São derribadas na primeira tempestade,
Ou se pedras que rolam não criam limo.

Também não descobrimos que a vida está ao lado deles,
Dos desinteressados,
Dos despossuídos,
Dos indiferentes.

E assumimos nosso fracasso, tranquilos e sorridentes...

SOU UMA ALMA

(I am a soul)

Não quero a fama mediana
Que me querem dar de presente.
Quero apenas a fama absoluta,
Como a cortante lâmina
Duma chama enregelante,
Flâmula que ao vento luta!

E que maldito poeta sou eu que ainda ama
- mesmo - os Beatles e os Rolling Stones
Mas não sabe compor um simples *soneto!?*
Que estranho poeta de terceira é esse,
Que tem mais presunção que coração?!
Com tanto espírito e nenhuma calma!

* * *

Estico os ouvidos para escutar o tombar das folhas...
A marcha persistente dos ponteiros em suas perninhas
[frágeis...
O suave assassinato do tempo...

Saudades do menino virgem que um dia fui,
Da terra empapada pela chuva,
Do catre duro e rude, onde, na palha espalhada,
Deitava minha minúscula massa de músculos estirados
E adormecia a minha alma estilhaçada.

Não, não sou diferente, sou igual a mim somente.
Estou destinado a sobreviver, a ser obstinado.
Eu nem estou.
Eu, soul.

A ARROGÂNCIA INATA DE TODO POETA

O poeta é responsável por toda palavra,
Toda letra, que impõe ao papel,
Por toda vírgula, cada espaço em branco,
E até pelo cheiro da folha...

O poeta é o único responsável por seu texto.
Por tudo e por nada.
Pôr nada e pôr tudo.

Por cada porcaria,
Cada suspiro que impõe ao papel,
O poeta é sempre o culpado.

1989

O Muro ruiu sobre nós.

A revolução fracassou,
Sem que houvesse contrarrevolução.
O comunismo morreu comum.
A besta do capitalipse *triunfou.*

Enquanto a gente esbravejava
"O povo, unido, jamais será vencido!",
O povo nos observava, assustado,
E o seu passo apressava...

Em casa, silenciosamente, cada qual
Engole agora seu tijolo de desespero,
O seu reboco de frustração.
Caímos na realidade de um pesadelo.

O sonho dos sonhos desmoronou.

SIMPLESINHO

.... Arado a pentear o solo,
A vida crava em minha alma
Fundos sulcos de experiência...

Nem bom nem ruim,
Há açúcar e sol
Dentro do meu caracol.

A vida então é boa ou má,
Meio média e em vão,
Uma meia de lã no calor.

Vivo assim, simplesão,
À base de poesia
Água, pão e rock and roll.

E nessa nossa relação
Em que nada é euforia,
Tudo é tão espontâneo:

Desde as mãos,
Que se entrelaçam
Feito novelos no chão,

Em toques sem malícia
Carregados de paixão,
Até o mero olhar,

Natural e sutil
Como um caminhão,
Um grande caminho

Onde puros nos damos,
Onde nossos corpos
Simples se dão...

A PÉSSIMA MANIA DE QUERER entender UM POEMA

Imagino o meu poema nu,
Tímido,
Sozinho,
Franzino,
Enjaulado no meio duma sala de aula,
Sendo humilhado por frios estudantes de letras
A apontarem seus defeitos e qualidades
Como o fazem os costureiros e os anatomistas,
A procurarem aqui e ali as suas características
(Em vez de o amarem ou o odiarem),
A interpretarem-no, a analisarem-no
Com aquela crueza digna dum
Júri de baile de fantasias.

Tadinho...

Mas o meu poema,
Pelado,
Assustado,
Resiste bravamente à humilhação
E permanece altivo,
Resoluto,
Misterioso,
Desconhecido para todos eles...

CRIME

A poesiazinha,
Em sua sensual dança de espírito,
Tão bela quanto uma princesa
- ou quanto uma camponesa -,
Tece elogios a minha minúscula obra
Confiando na ingenuidade do poeta.

E eu, reto como a pior das estradas,
Como programa de TV,
Como programador de computador,
Como ave que dá seu rasante,
– Único e preciso –,
E gentil como todo hipócrita,
Impiedosamente a capturo,
Detenho-a sobre uma imaculada folha,
Torno-a refém de minha inspiração,
Ponho nela uma mordaça
E a sua alma destroço...

DARDO (I)

Sou o espírito da revolta,
Imperiosa e impetuosa revolta
De um besouro fulminado
Em seu voo mais alto.

E quando a chama da vida pulsa,
Eu pressinto como se, zunindo,
Silenciosa flecha trespassasse
Essa frágil alma de passarinho...!

DARDO (II)

Meus olhos
Formam duas lagoas sombrias
De onde uma única lágrima,
                Obliquamente,
Cai feito uma guilhotina
Sobre a minha face...!

ERVA-DANINHA

Tribal tal qual o mais puro blues,
Miúdo como a vozinha da Nara Leão,
Grudento ao feitio de um algodão-doce,
Lento e zonzo a exemplo duma criança
Aprendendo a andar de bicicleta.

Assim sou eu nesta minha vida incauta,
A arfar tipo um peixe fora do leito do rio
Ou muito tranquilo feito solo de flauta,
Porém sempre enamorado da poesiazinha,
Pacata erva-daninha num terreno baldio.

DARDO (III)

O balanço sozinho
Espera ansioso
A criança...

O boi espia
Bem curioso
O trem que passa...

O uivo do trem
Rasga a tarde
Que nem um susto.

O patinho assustado
Desvirgina a lagoa
Tipo um dardo...!

ELEGIA BUCÓLICA

Minha mais cara e remota lembrança
É o eu-menininho, calçãozinho curto,
Indo manhã cedinho para o grupo escolar pobre,
Resignado sob o chuvisco frio na estrada de barro...

Poças alternadas obrigam-no a ziguezaguear...
Segue o eu-menino com seu andar curto e rápido,
Sandália de dedos a levantar pequeno manto de lama,
Respingos incessantes na barriga de sua perna.

(Ou pequena nuvem de pó quando sol,
embora só a chuva fina seja lembrada).

Quem diria que aquele guri aprenderia quem foi
[Cesário Verde?!
Passinhos solitários pela estrada erma e sinuosa que
Jamais sonharam com Cesário ou com qualquer outro
Fora dos limites visuais finitos de suas serras
E de seu rio...

O mato crescido a sorver as grossas gotas da chuva,
Fazendo-o encarangar só ao olhar o verde umedecido.
A sacola com o caderno cheio de orelhas e garranchos,
A reguinha de madeira, o lápis preto apontado à gilete
E a caixa com seis lapisinhos de cor...
(nem formavam um arco-íris...)...

O trocado para o capilé na bodega em frente.
O silêncio diante dos colegas que brincavam a infância
Enquanto ele apenas os observava, aturdido,
Invejoso de suas bolinhas de vidro e pandorgas.

Silêncio um terço medroso,
Outro, vontade de pertencer ao grupo,
E o terço final alheamento,
Que lhe seria o fatal ímã externo
A lhe tragar para a solidão voraz,
Ao mundo adulto já aos doze anos.

Por onde andará aquele menino
Que mal sabia o que era literatura?
Se encontrasse o poeta que hoje o explora,
Que sentimentos por ele teria?
Estranheza? Pena? Nenhum?
Ou correria dele sem demora?

Que olhar de canto lhe devotaria?
Desprezo ou saudável medo nutriria?
Provável indiferença infantil?
Ou alguma atitude ainda mais hostil?

ELA

A nossa alma não é um graveto.
A nossa alma é uma ponte
E a água que sob ela corre
Está toldada e revolta.

A nossa alma não é de chocolate.
A nossa alma tem o pulso
E o impulso de mil ciganos
Cavalgando em seus corcéis.

A nossa alma não é vaporosa.
A nossa alma é a pérola da ostra,
Exato o salto de um lindo lince
Em uma densa noite chuvosa.

A nossa alma não é cega.
A nossa alma é solo solitário de flauta,
Um aceno para uma multidão de ateus,
Um oceano de adeus a todos os aflitos.

POEMA TEO-ERÓTICO

Até ateu eu queria ter continuado a ser:
Trancado em minha fé duvidosa, luminosa,
Jamais abriria mão de meu deus interior,
E meu espírito santo seria não arrebatado,
Mas arrebatador...

Com muito ardor, com tudo, mudei de dor e ar.

BLUES FELIZ NA TRISTEZA

Meu poema é um blues,
Um blues quase feliz.
Um uivo dilacerado,
Ainda que ritmado e cadenciado.
Um lamento irônico,
Ainda que em compasso melancólico.
Um sopro dissonante,
Meio que grito distorcido.

Um urro improvisado num duradouro solo
Se arrastando por toda a extensão da canção...

Minha mina poética, filão a verter blues precioso
Num desfiladeiro habitado por um único urso pardo,
Grunhindo, sangrando seu uivo dilacerado,
Ainda que ritmado e cadenciado,
Triste berro dissoluto, rascante,
Gemido infindável, insustentável,
Esse lamento irascível e irritado.
(Carvão - Metamorfose - Diamante)

Um urro improvisado num duradouro solo
Se arrastando por toda a extensão da canção...

(Ao som de People Get Ready)

TELÍTOCA

Poesias homenagens, poesias tolas,
Poesias complexas, poesias declarações.
Poesias confissões, poesias armações.

Gerei-as devagar, na rapidez da juventude,
E as corrigi velozmente, na longuidão da maturidade.
Tudo para tocar muito, para chorar junto.

Pena que apenas testes de DNA comprovem hoje minha paternidade,
Pois a vida não permitiu que eu as reconhecesse como minhas.
Filhas bastardas que nunca saíram do quintal da minha obscuridade.

Nelas, vez ou outra,
Via um rosto tosco,
Até um traço torto.

Só não via a mim.

HINO OFENSIVO

Preciso do que é
Inexato em ti,
Assim como do que
Inexiste em mim.

Necessito do que
Pulsa em ti
Assim como do que
Dorme em mim.

Quero o que
Já não possuis
Assim como o que
Transborda em mim.

Não dignifico
O que é errado
Nem ofendo
O que é preciso.

Sou aquilo que
Não sabes ser
E que não mais
Podes esconder.

Não me leves, assim,
Pois sou leve, airado.
E já nem me importo mais
Quando te amo demasiado.

ALHEADO

Alheio, mas nunca imune,
Atravessei hirto até meus treze anos.
Este hiato hoje tanta falta me faz...
A vida a me incomodar desde sempre.

Via a vida e ela nem me reparava.
Mas assim foi e assim foi bom.
Um pequeno salto para um garoto.
Um imenso tropeço para o homem.

Ora ei-la lá, célere e sorrateira.
Eis-me cá, a esmo, com' uma lesma,
E eis que ele vai já, via afora,
Viajando a vida goela abaixo.

Imaginava uma luta de boxe,
Em preto e branco e sem som:
Dois animais escuros se engalfinhando
Diante duma plateia rosada e sorridente.

Tíbio fui, mas nunca mesquinho,
Nem mesmo quando imaginei um baile
De carnaval também mudo e sem cores:
Que desbotado espetáculo de crueza!

O menino ainda se perturba em mim.
A fita virgem sempre rebobinando...
A vida ainda me incomoda um pouco
E não sirvo mesmo para nada disso.

EXERCÍCIO

O amor, lógico,
Não vem do lado esquerdo do peito,
Tampouco é sentido no cérebro,
Nem sofrido na alma, como insistem.

Também é desnecessário derramar sangue
Para comprovar a sua existência,
Ou extirpar vísceras em resistência,
Sacrificar o corpo, pura essência.

O amor não se entrincheira em sexo
Nem enxerga por olhos de censura,
Nem se esvai pelos poros da pele
Ou rompe o ouvido com seu zunido.

Espontâneo, acima de qualquer controle,
Ele é vivido além do unidimensional,
Em região ignota aos insensíveis,
Inexplorada pelos teóricos do amor,

Poetas sem qualquer teor que
O experimentam como um inventor.
O amor somente é captado
Pelos que se entregam à sua força.

A sua energia, o seu ímã, a sua luz,
Ao desprender-se e ir ao encontro de outra fonte,
De mesma misteriosa carga, mas senso contrário,
Tenderá a complementá-lo ou o anulará...

Nobilíssimo,
O amor se se dobra, se aniquila.
Então, perpetua-se ou se esfarela.
O amor nunca fica inerte.

CANÇÃO PARA LEILA DINIZ e ADRIANA PRIETO

(1981)

Duas gaivotas voam juntas
Acima do mundo, alheias a tudo,
Tão livres quanto lindas,
Tal mãe e filha.

Passarão pássaros,
Casais, cartões e carnavais
E elas voarão, alto voarão,
Tal sol de verão.

Até que uma delas sozinha voará
Em busca de seu parceiro ideal.
Da montanha azul a outra sorrirá,
Tal dia de Natal.

E do cansativo voo descansará,
Tal bebê numa barriga
Deitada na areia da praia,
Moreno sorriso de minissaia.

O PREÇO

Somos filhos do Amor e da Paz.

Por mais que nos agridam,
Sempre ergueremos a cabeça.

Por mais que façam nosso rosto
Se encharcar de sangue,
Sempre seguiremos adiante.

Somos feras
E ninguém fere a dignidade
De quaisquer dos nossos
Sem pagar até os ossos.

ANTE-POESIA

Há uma palavra esparsa,
Solta no ar,
Buscando mísero espaço
Para se encaixar.

Para fim de conversa,
Ou revelação da farsa,
Fora deste meu estilo operário-erudito,
Em derradeira homenagem concretista,
Minto, concreta e eterna mente,
Como soprou o anjo Quintana,
– O exclamativo será meu –
"moro dentro de mim mesmo"!

Restarão,
Na solitária lápide,
Um tapa na tampa da campa,
Um pássaro morto na mão
E o meu epitáfio óbvio:
"Demasiado tarde, foi em vão".

NOTA DE RODAPÉ

(Aqui em cima)

Cubista?
Concretista?
Surrealista?
Só realista?

Ateu?
Ocultista?
Anarquista?
Prometeu?

Universitário?
Circense?
Tubaronense?
Solitário!

REBUSCANDO O PASSADO RECENTE

Tubarão é cidade dura, nua e crua.
Antipoética, antiemotiva, sem entusiasmo.
Titubeante, estagnada, respira marasmo.
Dá torpor, sono, sem catarse, quase nada.
Salvo raríssimas exceções, todos são nulos.

Como era delicioso andar equilibrando-se
Nos trilhos da estrada de ferro!
Acompanhar seu paralelismo infindável...
Balançar na velha ponte pênsil!
Tomar banho no rio perigoso!

Uma cidade que vive só de fofoca
Não permite qualquer espaço à poesia,
Por isso a surpreendente feiura desta,
Apenas reflexo da pálida Cidade Azul,
Que de azul tem só sua impessoalidade
E a sua muito dura falta de arquitetura.

Não cresce, não decresce, tudo a mesma coisa, sempre.
Eu cresci, e não percebi as coisas se redesenhando:
Calçamentos, ciclovias, shopping, edifícios altos,
Pessoas morrendo, pessoas nascendo...
Nada acontecendo em sua terna previsibilidade.

A cidade mudou, mas esqueceu de evoluir.
Jeito feio de cidade grande: acidentes, motel,
Assaltos, noite barulhenta, indiferença afetada.
Tudo, porém, fechado no mais estreito
E rançoso conservadorismo tacanho,
Regido sob a mais hipócrita acomodação ao
"progresso".

Eu cresci e me descobri.
E desabafo isto porque consegui sair fora do ovo
E olhar para dentro de onde estive.
É difícil explicar a eles algo tão simples.

Não basta um "saiam da casca, libertem-se!".
Não entenderiam...
Só entendem o que é fácil e rima.
Só conseguem copiar o global,
Ser uma caricatura provinciana e diminuta
De um mundo que corre por fora, veloz...

Caetano conseguiu dar brilho à cinza São Paulo
Com uma esmerada canção.
Tubarão, contudo, tem a cor e a sina do carvão:
É preta e de evolução lenta.

AS NÓDOAS

Estas nódoas são os meus poemas-perfumes.
Nódoas não têm cheiro, mas seus sinais se petrificam.

Perfumes logo se volatizam, se evolam,
Esboroam-se e breve são esquecidos.
Parecem não deixar marcas.
Nada deles quer ficar como lembrança.
Mas permanece a sua fragrância,
Incrustrada, discretamente indelével,
Escondida em alguma gaveta da memória.

E quando menos você se dá conta,
Lá está aquele aroma novamente evocado,
Apenas por ter-se respirado próximo
A um cemiteriozinho perdido no interior...

ALTA BIOGRAFIA

Sou do tempo em que o Amor vinha do peito
E não da genitália.
Sou um armador e um amador de poemas.
Sou só um sóbrio sombrio.
Sou dramático, não gramático.
Sou metade errado e metade estranho.
Sou menos que nada, menos que a moda.
Sou nata.

Sou contra todos os preconceitos, exceto um:
É preciso preservar o talento para os que o merecem,
Por isso odeio a falta de talento.
Não é sequer um preconceito, é um ressentimento,
Algo que não é geral,
Embora especificamente dê na mesma.

Não mostro a ninguém o que escrevo porque tenho
Vergonha e orgulho.
Por dentro sou um Dostoievski.
Mas só por dentro.
Não sou médio,
Sou nédio.

Sou Poeta, ateu tal qual Deus e nunca levei um tiro.
Sou sublime, imprevisível e natural.
Nada tenho de anormal.
Sou como a água: insípido, inodoro, incolor e essencial.

O DELICADO

Nunca matei um passarinho.
Minha infância passou tão rápida
Que mal teve tempo de me deixar uma recordação.

A vida presenciou
Meus poemas-confissões,
Meus poemas-panfletos,
Meus poemas-imagens e
Meus poemas-problemas.
Mas eu e meus poemas não presenciamos a vida.

E minha poesia tem tantas variantes
Que nem mesmo eu sei qual versão é a "definitiva".
Todavia, nenhuma via restará de mim.

Não vou morrer de AIDS,
Mas de acidente.
A minha alma é uma vidraça.
Eu nunca serei definitivo.
Eu nunca matei um passarinho.

Por fim, a todos vocês,
O meu mais veemente silêncio:

...

Sobre o autor:

Leitor voraz de poesia desde 1977, Lino Porto costuma escrever um poema a cada cinquenta que lê. Além deste Nunca Matei um Passarinho, compostos no período 1989-1992, o Clube de Autores já publicou do poeta:

. *A Alameda dos Moinhos (sonetos, 1977 a 1999).*
. *O Passarinho no Fio de Luz (juvenília, 1977 a 1980).*
. *A Paz que Simplifica (poemas universitários, 1981 a 1985).*
. *Exílio, Luxúria, Êxtase (poemas estrangeiros, 1986).*
. *Signo de Passarinho (prosa poética, 1987).*
. *A solidão faz a força (diário poético, 1988).*
. *Tudo Sobre Poesia (pequeno guia poético, 2021).*
. *50 Tipos de Poesia – Volume I (poesias técnicas, 2022).*

Novos títulos vêm sendo publicados aos poucos, à medida que os editores de sua vasta obra organizam o seu baú de versos e prosas.

www.ingramcontent.com/pod-product-compliance
Ingram Content Group UK Ltd.
Pitfield, Milton Keynes, MK11 3LW, UK
UKHW021938190726
13853UKWH00004B/1523